S. De   'omanelli

IL VIAGGIO DI
LAURENT

Redazione: Donatella Sartor
Progetto grafico: Nadia Maestri
Grafica al computer: Maura Santini
Illustrazioni: Alfredo Belli

© 2004 Cideb

Prima edizione: settembre 2004

Tutti i diritti riservati. È vietata la riproduzione, anche parziale, con qualsiasi mezzo effettuata, anche ad uso interno o didattico, non autorizzata.

Le soluzioni degli esercizi sono disponibili nel sito
blackcat-cideb.com
info@blackcat-cideb.com

Stampato in Italia da Litoprint, Genova

Indice

CAPITOLO 1	**A Parigi,** una mattina di settembre	5
	ATTIVITÀ	9
	Dossier La musica *italiana*	13
CAPITOLO 2	Prima tappa: **Firenze**	15
	ATTIVITÀ	21
CAPITOLO 3	L'arrivo a **Roma**	26
	ATTIVITÀ	32
CAPITOLO 4	Gli amici di **Valeria**	36
	ATTIVITÀ	41
CAPITOLO 5	Ultimi giorni di **vacanza**	45
	ATTIVITÀ	48
	Dossier Roma e il *cinema*	51

CAPITOLO 6	L'isola di **Ponza**	54
	ATTIVITÀ	60
	Dossier La spaghettata *di mezzanotte*	64
CAPITOLO 7	La terra dei **nonni**	65
	ATTIVITÀ	69

Testo integralmente registrato.

Questo simbolo indica le attività di ascolto.

 Questo simbolo indica gli esercizi in stile CELI 2 (Certificato di conoscenza della Lingua italiana), livello B1.

CAPITOLO 1

A Parigi,
una mattina di settembre

Oggi a Parigi è una bella giornata di sole. Laurent è molto allegro: finalmente parte per l'Italia e non vede l'ora di[1] visitare la terra della sua famiglia.

Zaino in spalla e con la mente piena di progetti, si dirige a passo svelto verso la stazione. "Ho preso tutto?" si chiede. "Sì, il biglietto è nella tasca interna della giacca insieme al portafoglio e alla carta d'identità; gli occhiali e l'agenda sono nella borsa."

1. **non vede l'ora di...** (espressione familiare) : prova una grande gioia e un forte desiderio di fare qualcosa subito.

IL VIAGGIO DI
LAURENT

Prima di salire in treno, Laurent acquista una cartina dell'Italia; durante il viaggio avrà il tempo di trovare i nomi dei luoghi che ha sempre sentito nominare dai nonni.

Binario 4, il "Palatino" è già lì, Laurent cerca il posto che ha prenotato. Carrozza numero 8, posto numero 76: eccolo!

Lo scompartimento è vuoto, non c'è nessuno. Ora può sistemare i suoi bagagli e dare un'occhiata alla cartina dell'Italia.

Inizia a cercare sulla cartina il percorso del treno: Torino, Genova, Pisa... ma l'arrivo rumoroso di una comitiva interrompe i suoi pensieri. Sono italiani e Laurent non può fare a meno di ascoltare... gli piace il suono di questa lingua che un po' parla anche lui. In realtà capisce poco, perché i ragazzi ridono e scherzano tra di loro e poi parlano molto velocemente.

Chissà da dove vengono?

"Ciao, scusa è libero questo posto?" gli chiede una ragazza con un grosso sacco a pelo sulle spalle.

"Sì, certo" risponde Laurent, e poi la aiuta a sistemare il bagaglio nel portapacchi in alto.

Lei ringrazia e, sorridendo, gli chiede: "Sei francese?"

"Sì" risponde Laurent. "E voi da dove venite?"

"Siamo di Genova, ma tu come mai parli così bene l'italiano?"

"I miei nonni sono italiani."

"Ah, e di dove?"

"Di Positano."

"Ah... bellissima, ci sono andata l'anno scorso... Io, comunque, mi chiamo Margherita."

Anche Laurent si presenta e, dopo di lui, gli altri ragazzi: Luca e Federico. Sono studenti dell'ultimo anno di liceo, ma non frequentano tutti la stessa scuola.

A Parigi, una mattina di settembre

"E tu studi?" chiede Federico.
"Io vado all'Università, faccio architettura" risponde Laurent.

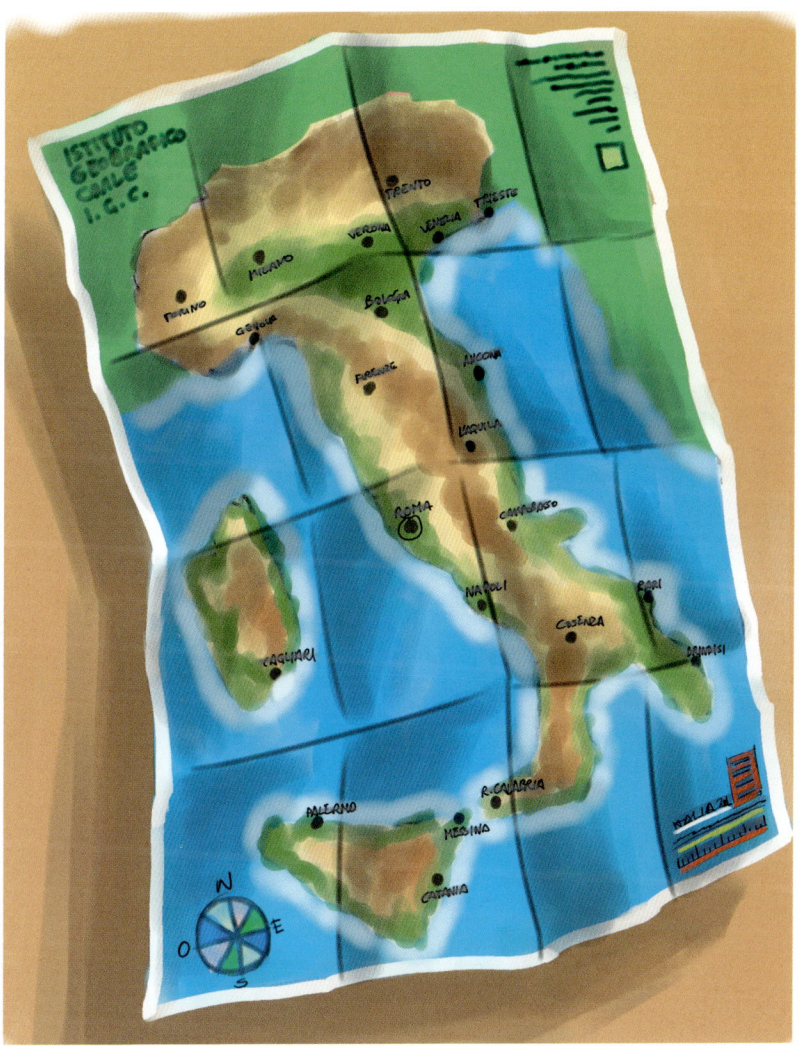

IL VIAGGIO DI
LAURENT

"Anche io voglio studiare architettura l'anno prossimo" dice Luca.

A un certo punto Federico prende la chitarra e propone di cantare tutti insieme.

"Dai, Laurent, così impari una canzone italiana" dice Margherita.

ATTIVITÀ

Comprensione

1 Rileggi il capitolo e rispondi alle seguenti domande.

1. Che cosa compera Laurent prima di partire?
   ....
2. Dove si trova la sua carta d'identità?
   ....
3. Dove sono nati i suoi nonni?
   ....
4. Quanti anni hanno i ragazzi di Genova?
   ....

Competenze linguistiche

1 Collega le parole alle immagini che vedi.

> lo zaino   gli occhiali   la valigia   l'agenda   il libro
> il biglietto   la carta geografica   il binario   la chitarra

ATTIVITÀ

2 Cerca queste espressioni nel racconto e scegli il significato giusto!

1. *Dare un'occhiata* vuol dire:
   - a. ☐ guardare con molta attenzione
   - b. ☐ prestare un occhio
   - c. ☐ guardare con poca attenzione

2. *Con la mente piena di progetti* vuol dire:
   - a. ☐ con molti programmi
   - b. ☐ con molta confusione
   - c. ☐ senza alcun programma

3. *Si dirige a passo svelto* vuol dire:
   - a. ☐ fermarsi
   - b. ☐ comandare
   - c. ☐ camminare velocemente

4. *Fare a meno di* vuol dire:
   - a. ☐ rinunciare a qualcosa/qualcuno
   - b. ☐ servirsi di qualcosa/qualcuno
   - c. ☐ voler cantare qualcosa

Grammatica

Gli avverbi di tempo aiutano a capire **quando avviene un'azione**.
Possono indicare:
passato: *un anno fa, un mese fa, una settimana fa, l'altro ieri, ieri...*
presente: *oggi, ora, adesso...*
futuro: *domani, dopodomani, tra una settimana, tra un mese, tra un anno...*

Oppure possono indicare la **frequenza di un'azione**, che si può compiere:
sempre, quasi sempre, spesso, a volte, raramente, quasi mai, mai

ATTIVITÀ

1 Ci sono altri indicatori di tempo, come quelli che hai trovato nel capitolo appena letto. Inseriscili nel testo.

> prima   dopo   durante   mentre   poi   ora   oggi   già

Ricostruisci la giornata di Laurent.

Sono le 7.00, appena suona la sveglia Laurent si alza velocemente.
(1) .... per lui è un giorno importante: ha la prova di ammissione al conservatorio, deve farcela!
(2) .... prepara il caffè è ancora un po' addormentato, ma
(3) .... la colazione ricorda tutti i pezzi che ha studiato.
(4) .... si infila sotto la doccia e **(5)** .... di farsi la barba si lava i denti con cura; **(6)** .... essersi vestito si pettina e prende il violino e gli spartiti. **(7)** .... è finalmente pronto ad affrontare il suo esame, ma ahimé, deve sbrigarsi, perché sono
(8) .... le 8.30 e lui deve essere al conservatorio alle 9.00, puntuale!

2 Completa il testo, coniugando i verbi al presente.

Laurent Fusco **(1)** .... (*avere*) venti anni e **(2)** .... (*studiare*) architettura a Parigi. La sua famiglia **(3)** .... (*essere*) di origine italiana: i nonni paterni sono nati a Positano ma **(4)** .... (*vivere*) in Francia da molti anni. Il papà di Laurent **(5)** .... (*chiamarsi*) Fernando e **(6)** .... (*fare*) l'impiegato al comune; la mamma, Marion, **(7)** .... (*lavorare*) in banca. Laurent **(8)** .... (*avere*) due sorelle, Sophie che **(9)** .... (*frequentare*) l'ultimo anno di liceo e Violette che **(10)** .... (*andare*) al *collège*.
La mattina **(11)** .... (*uscire*) tutti presto per andare a scuola o a lavorare. Laurent e Sophie **(12)** .... (*prendere*) la metropolitana, i genitori invece **(13)** .... (*andare*) in macchina e **(14)** .... (*dare*) un passaggio alla figlia più piccola. Spesso, la domenica, tutta la famiglia **(15)** .... (*riunirsi*) a casa dei nonni: arrivano lo zio Mario con la moglie Laure e i figli Julien e Isabelle. Laurent va molto d'accordo con il cugino Julien perché **(16)** .... (*avere*) quasi la stessa età e molte cose in comune.

ATTIVITÀ

3 Inserisci le seguenti parole nella tabella.

> studente   turista   zio   ufficio   famiglia   sorelle
> amica   sacco a pelo   alberi   uscita   autobus   gente

Lo	
Il	
L'	
Gli	
I	
La	
L'	
Le	

Produzione scritta

1 Durante il viaggio Laurent ha conosciuto alcuni ragazzi italiani con cui ha fatto amicizia. Ora scrive ad un'amica italiana e racconta qualcosa di questo incontro. Nella lettera
- racconta dove e come ha incontrato i ragazzi;
- li descrive brevemente;
- spiega perché li ricorda con piacere.

(da un minimo di 90 ad un massimo di 100 parole)

....
....
....

La musica *italiana*

La tradizione melodica, che da sempre caratterizza la canzone italiana, è alla base del successo di cantanti come Eros Ramazzotti o Laura Pausini – conosciuti in tutto il mondo per le loro canzoni – o Andrea Bocelli, che ha fatto uscire il 'bel canto' dai teatri d'opera, avvicinando il mondo della lirica e quello della musica leggera.

Ma la canzone italiana non è solo melodia! A partire dagli anni '50 il rock'n'roll americano ha profondamente influenzato la musica italiana ed è alla base della produzione di artisti come Vasco Rossi o Ligabue.

Una corrente molto importante nella storia della canzone italiana è quella dei cantautori, cioè artisti che scrivono sia le musiche sia le parole delle loro canzoni. Naturalmente si tratta di artisti molto diversi l'uno dall'altro, ma le loro canzoni sono tutte caratterizzate dall'espressione di un mondo interiore o di una coscienza 'sociale'.[1]

Laura Pausini

1. **coscienza 'sociale'** : attenzione ai problemi della società.

A volte i testi sono delle vere poesie, come nel caso di Francesco Guccini o di Fabrizio De Andrè; altri cantautori prendono come modello il jazz, come Paolo Conte, o il blues, come nel caso di Pino Daniele, oppure ripropongono modelli folk, come Angelo Branduardi.

Attraverso le canzoni di alcuni cantautori è possibile ripercorrere la storia dell'Italia letta spesso in modo critico e ironico, come nelle canzoni di Giorgio Gaber.
La canzone d'autore ha tra i suoi protagonisti anche Daniele Silvestri e Jovanotti, che con le loro canzoni affrontano temi 'difficili' come la pena di morte o le disparità sociali.

CAPITOLO 2

Prima tappa:
Firenze

Per arrivare a Firenze, la prima tappa del suo viaggio, Laurent deve cambiare treno. Scende a Pisa e da qui, con un treno regionale, [1] viaggia attraverso la Toscana fino a Firenze.

Nel pomeriggio il treno arriva alla stazione di Santa Maria Novella, proprio nel cuore di Firenze. Laurent è distrutto dal viaggio [2] e dalla difficile prova di lingua italiana: è veramente faticoso parlare una lingua che non si conosce bene! A Firenze in

---

1. **treno regionale** : treno che viaggia all'interno di una regione.
2. **distrutto dal viaggio** : molto stanco per il viaggio.

IL VIAGGIO DI
LAURENT

questo inizio di settembre si muore di caldo: "Sicuramente ci sono più di 30 gradi", pensa il povero Laurent, che in teoria ama il clima mediterraneo, ma in realtà non sopporta queste temperature.

Camminando attraverso strade strette e piene di turisti, finalmente arriva al piccolo albergo in via dei Calzaiuoli dove ha prenotato la sua camera. Nell'atrio della reception, dietro il bancone, c'è una ragazza che lo guarda con un sorriso amichevole.[1] È bellissima. Per Laurent è amore a prima vista.

Ora deve chiedere la chiave della stanza e il suo desiderio più grande, adesso, è riuscire a parlare un italiano veloce e perfetto, senza accento francese, e sentire qualcuno che meravigliato gli chiede "Sei francese? Davvero? Ma non hai nessun accento!"

La mattina seguente, svegliato da un sole ancora più caldo del giorno prima, Laurent organizza con attenzione la sua giornata.

1. **con un sorriso amichevole** : da amica, simpatico.

16

Prima tappa: **Firenze**

Il suo artista preferito è Filippo Brunelleschi, il grande architetto del Rinascimento. Laurent vuole vedere il più possibile: la cupola del Duomo, lo Spedale degli Innocenti, la basilica di San Lorenzo... naturalmente a Firenze c'è molto da visitare, ma Brunelleschi è l'inizio migliore.

Pieno di entusiasmo, Laurent è pronto a scoprire la città. Prima di uscire si guarda alla specchio... e il suo abbigliamento non gli piace per niente: scarpe da ginnastica, calzini verdi, vecchi bermuda a righe, maglietta da calcio della nazionale francese, zaino bucato e macchina fotografica. "E se la ragazza della reception mi vede, che cosa pensa? Che sono un ridicolo turista francese!" Allora si cambia velocemente e scende le scale vestito di nero, con la sigaretta accesa tra le labbra, ma è tutto inutile perché la ragazza non c'è. Laurent è un po' deluso, ma dopo una bella colazione, di nuovo allegro, decide di noleggiare [1] una bicicletta, proprio accanto a Piazza della Signoria.

1. **noleggiare** : pagare per prendere in prestito un oggetto o usare un oggetto di altri per un certo tempo.

IL VIAGGIO DI
LAURENT

Si guarda intorno e tutto gli sembra fantastico. Però mentre pedala sotto il sole pensa che forse vestirsi di nero non è stata una buona idea, con questo caldo! Per fortuna, oltre il ponte sull'Arno, c'è una bella fila di alberi e Laurent corre a tutta velocità verso il verde. Finalmente un po' di fresco! Gli piace questa città, si trova bene qui e ha la sensazione di esserci già stato: "chissà, forse ho anche lontane origini fiorentine..."

Dopo un'intera giornata in giro per Firenze, Laurent è a pezzi ma soddisfatto.

Ha visto tutto il possibile su Brunelleschi, ha parlato senza problemi in italiano con il noleggiatore di biciclette, con la signora dell'edicola, con il bigliettaio del museo, ha pranzato all'aperto con un gruppo di spagnoli simpatici e, soprattutto, ha fatto foto molto originali, convinto di essere un grande fotografo. Ha sofferto il caldo, questo è vero, ma in fondo che importa? "Adesso mi faccio una doccia e poi telefono a Valeria." Già, Valeria, la sua simpatica amica italiana, conosciuta quando lei studiava a Parigi. "Finalmente domani a Roma ci vediamo dopo tanto tempo."

Davanti all'entrata dell'albergo gli sembra di vedere la ragazza della reception che sposta un grande vaso. Sì, è proprio lei.

"Posso aiutarti?" chiede Laurent. "Sì, grazie" risponde lei con un sorriso.

"Accidenti, quanto pesa questa pianta!" pensa il nostro amico mentre sposta il vaso, "Ma ora finalmente mi presento."

"Mi chiamo Laurent."

"Piacere, Fiamma! Grazie per l'aiuto. È la prima volta che vieni a Firenze?" "Sì, ma penso proprio che ci tornerò molto presto. La mia famiglia è di origine fiorentina e vorrei conoscere meglio

IL VIAGGIO DI
LAURENT

questa città."

Sa di dire una bugia, ma in questo momento crede anche lui agli antenati[1] toscani.

"Allora stasera devi assolutamente vedere l'ultima partita di calcio fiorentino, a Piazza Santa Croce. Se vuoi ti accompagno. Il mio fidanzato gioca nella squadra dei Bianchi."

La parola 'fidanzato' colpisce Laurent come un colpo di pallone dritto sul naso. Ma ormai è troppo tardi, deve andare avanti nella conversazione e accettare l'invito.

"Ci vediamo dopo, allora. Ciao!"

La serata dedicata al calcio fiorentino è finita con una grande festa per la vittoria dei Bianchi contro gli Azzurri. Tra grida e risate Laurent non ha capito più niente, ma si è unito all'allegria generale.

Il fidanzato di Fiamma, grande protagonista della partita, gli ha raccontato tutta la storia del calcio fiorentino ma, bicchiere dopo bicchiere, i racconti sono diventati sempre meno chiari, fino a che Laurent è tornato in albergo un po' allegro, cantando una canzone di quartiere insieme a un gruppetto di ragazzi conosciuti alla festa.

La mattina dopo ha visitato il Museo degli Uffizi e poi ha preso il treno per Roma.

1. **antenati** : parenti vissuti molti anni prima dei genitori.

ATTIVITÀ

Comprensione

1 Rileggi il capitolo e indica con una ✗ se le seguenti affermazioni sono vere (V) o false (F).

	V	F
1. La chiesa di Santa Maria Novella si trova in periferia.	☐	☐
2. Laurent è molto stanco.	☐	☐
3. Il giorno dopo Laurent incontra la ragazza alla reception.	☐	☐
4. Fiamma è sposata.	☐	☐
5. Laurent ha dei parenti in Toscana.	☐	☐
6. Il giorno dopo, a Firenze, fa molto freddo.	☐	☐

CELI 2

2 Sei alla stazione di Pisa. Ascolta gli annunci e indica con una ✗ se le affermazioni seguenti sono vere o false.

	V	F
1. L'intercity 2435 va a Genova.	☐	☐
2. Il treno diretto a Viareggio parte dal binario 12.	☐	☐
3. La prenotazione per l'Eurostar è obbligatoria.	☐	☐
4. Il diretto 4312 ha quasi un quarto d'ora di ritardo.	☐	☐
5. L'Eurostar proveniente da Roma arriva sul binario 5.	☐	☐
6. Il treno regionale proveniente da Pisa arriva sul binario 5.	☐	☐

ATTIVITÀ

Competenze linguistiche

1 Rileggi il capitolo e cerca le parole e le espressioni del gruppo A; trova, poi, il corrispondente significato tra quelle del gruppo B.

A
1. è a pezzi
2. nel cuore
3. amichevole
4. non sopporta
5. meravigliato

B
a. ☐ non gli piace, odia
b. ☐ al centro
c. ☐ è stanchissimo
d. ☐ stupito, sorpreso
e. ☐ gentile

2 Completa.

difficile pieno veloce	stretto grande lento
largo chiaro allegro	dritto facile vuoto
piccolo storto	triste scuro

difficile   ....
....   scuro
piccolo   grande
veloce   ....
....   dritto
pieno   ....
....   triste
largo   ....

22

ATTIVITÀ

3 Forma delle frasi utilizzando le seguenti parole.

In albergo	famosi	La Sicilia	biciclette	Alcuni	simpatica
Al teatro	Alcune	Il "38"	efficiente	antiche	università
Una ragazza	puntuale	spettacolo	c'è	Uno	è	A Firenze
In Italia	comico	città	rosse	autobus	isola	Una
Vicino alla stazione	Verdi	musei	ci sono	italiana	un'

....
....
....
....
....
....
....
....

Produzione orale

1 Laurent durante la sua visita a Firenze ha scattato numerose fotografie, tra cui una suggestiva veduta di Ponte Vecchio.
Osserva la foto in primo piano e descrivila.

Produzione scritta

1 Completa il cruciverba. Nelle caselle evidenziate si leggerà il nome di un capo d'abbigliamento molto usato sia dagli uomini che dalle donne. Se non riesci a trovare da solo le soluzioni, guarda il riquadro colorato dove troverai le parole, non in ordine.

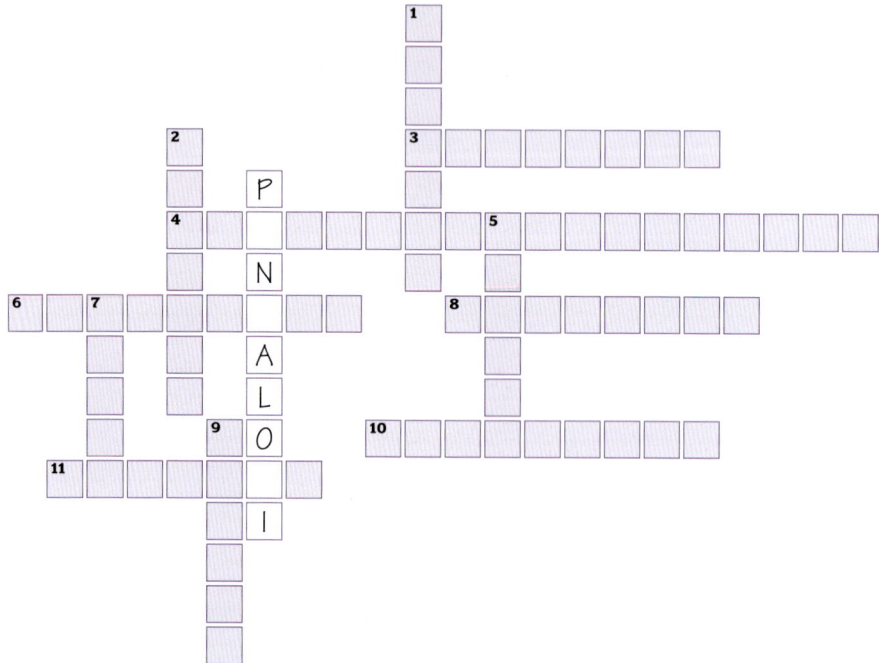

bermuda   cappotto   guanti   scarpe da ginnastica   maglietta
calzini   gonna   vestito   maglione   giacca   camicetta

Orizzontali
3. Maglia pesante di lana a maniche lunghe.
4. Scarpe che si usano per fare sport.
6. Maglia leggera di cotone a maniche corte.
8. Si indossa d'inverno sopra altri indumenti quando fa molto freddo.
10. Gli uomini indossano la camicia, le donne la …
11. Si mettono ai piedi prima di infilare le scarpe, possono essere di cotone, lana, seta…

ATTIVITÀ

Verticali
1. Pantaloni corti che arrivano al ginocchio.
2. Lo indossano gli uomini e le donne, può essere da sera, se è elegante.
5. Si usano per coprire le mani.
7. La indossano solo le donne, può essere anche mini.
9. Si indossa di solito sopra la camicia, gli uomini la indossano spesso con la cravatta.

2 Rimetti in ordine il seguente testo.

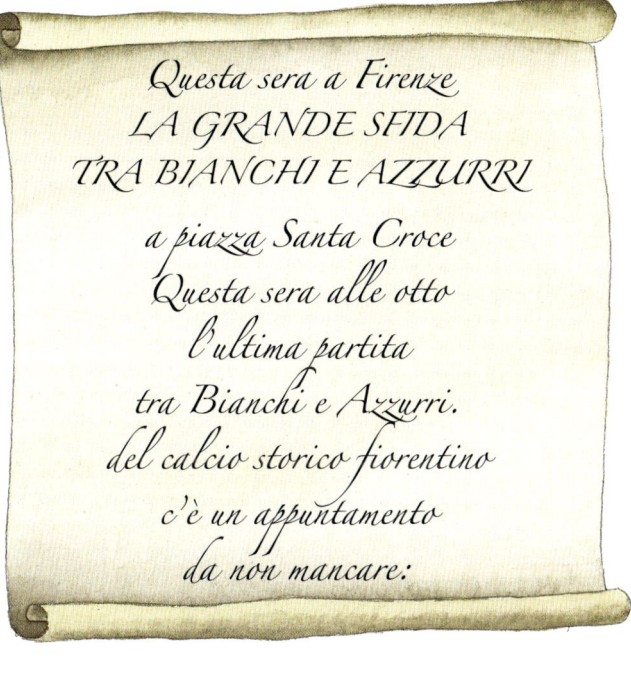

Questa sera a Firenze
LA GRANDE SFIDA
TRA BIANCHI E AZZURRI

a piazza Santa Croce
Questa sera alle otto
l'ultima partita
tra Bianchi e Azzurri.
del calcio storico fiorentino
c'è un appuntamento
da non mancare:

....
....
....
....

CAPITOLO **3**

L'arrivo a **Roma**

Finalmente è a Roma.
Cerca un telefono per chiamare Valeria e si sente felice, quasi emozionato; ora è a Roma, il cuore del mondo antico, dove tutto ha un passato, una storia, anche le pietre; ora si ricorda di aver letto sulla guida che il nome della stazione Termini deriva dalle vicine Terme di Diocleziano.

"Questa è Roma, i nonni ne hanno parlato tante volte, loro erano stati qui in viaggio di nozze..." pensa Laurent.

Mentre aspetta che Valeria risponda al telefono, guarda con interesse e competenza [1] da futuro architetto l'edificio della stazione.

---

1. **competenza** : capacità, preparazione.

L'arrivo a **Roma**

Valeria risponde con la sua bella voce allegra e lo accoglie con un gioviale [1] "Ben arrivato! Come è andato il viaggio?" e continua con una quantità di parole che Laurent non riesce a capire subito. "Scusa, puoi parlare un po' più lentamente... sai, capire al telefono è difficile..." dice Laurent nel suo italiano lievemente impreciso e con il suo inconfondibile accento francese.

"Sì, sì scusami, hai ragione, ma lo sai, noi italiani parliamo sempre così velocemente... Comunque, ora ti spiego come puoi arrivare a casa mia: sei ancora all'interno della stazione?"

"No, sono all'esterno, dove si fermano i taxi." "Bene allora, se i taxi sono alla tua sinistra, guarda bene a destra, prima del parcheggio delle auto, lì c'è l'ingresso della metropolitana. Scendi le scale e segui le indicazioni per Metro A direzione Anagnina; quando sei sulla metropolitana guarda in alto: sopra le porte ci sono i nomi delle fermate. Tu devi scendere a S. Giovanni, è la

1. **gioviale** : che esprime gioia, allegria.

terza fermata.

Esci dalla stazione dalla parte di via Magna Grecia e fermati davanti a un grande magazzino, si chiama COIN. Aspettami lì, ti vengo a prendere con la macchina, immagino che tu abbia bagagli."

A casa di Valeria

La mamma di Valeria è molto gentile e sorridente e lo accoglie con un "Ciao, finalmente ti conosco! Valeria mi ha parlato tanto di te!"

Mentre si stringono la mano, arriva un grosso cane bianco dal pelo folto che inizia ad annusare Laurent.

"Stai buona, Alice" dice Valeria.

"Alice? È cresciuta così tanto!" esclama Laurent.

"Certo, nella foto che ti ho mostrato a Parigi era un cucciolo, aveva solo un mese: lei è un pastore maremmano, cresce in fretta!" risponde Valeria accarezzandola.

"Vieni, Laurent" interviene la mamma "ti mostro la tua camera, così potrai disfare i bagagli. Il pranzo è quasi pronto."

Dopo pranzo Laurent e Valeria decidono di fare una passeggiata nel quartiere.

Laurent ha sentito parlare della Basilica di S. Giovanni e così si avviano verso la chiesa.

A Laurent piace il palazzo in cui vive Valeria, con gli edifici situati sui quattro lati e il bel giardino curato al centro.

Per la strada si guarda intorno e cerca di memorizzare il percorso: girano a destra, poi a sinistra e poi ancora a destra e si trovano davanti a delle mura antiche. Laurent è incuriosito, ma Valeria non gli dà il tempo di chiedere e spiega: "Questo è un

L'arrivo a **Roma**

tratto delle Mura Aureliane, hanno circa 1700 anni e la parte circolare sulla destra è ciò che resta dell'Anfiteatro Castrense."

"Interessante," dice Laurent, e si propone di leggere qualcosa in più sulla sua guida prima di andare a dormire.

Attraversato un arco, si trovano dentro le Mura. Camminando lungo il viale che conduce direttamente alla Basilica, Valeria racconta un po' del quartiere, con i palazzi, le chiese ed i monumenti che vi si incontrano, infine di un famoso mercatino, quasi 'storico' che si trova lì vicino, in via Sannio. Ormai sono davanti alla Basilica, che con il palazzo del Laterano è veramente imponente. Laurent è colpito dalle numerose statue che si trovano sulla parte superiore della facciata e chiede a Valeria: "Ma, secondo te, si vedono dalla finestra di casa tua?"

"Sì," risponde Valeria "da casa si riescono a vedere... Guarda Laurent, vedi quella costruzione lì, quasi di fronte? Quella è la Scala Santa, in questo momento ti trovi in pieno percorso da pellegrino del Giubileo! Vuoi che entriamo?"

"Sì, volentieri."

IL VIAGGIO DI
LAURENT

Dopo la visita sono un po' stanchi, Laurent soprattutto, e così, prima di continuare il loro giro, si siedono nel giardino di un caffè, gustano un buon gelato e organizzano la serata. Incontreranno anche alcuni amici di Valeria e insieme andranno in pizzeria, ma non molto lontano. "Comunque abbiamo ancora tempo," dice Valeria "te la senti di trovarti a tu per tu con la storia? Il Colosseo non è distante, neanche vicinissimo, devo ammettere. Comunque, solo un giro da fuori per ora… così intanto impari come arrivarci!" Laurent è stanco, ma non può resistere all'idea di essere, come dice Valeria, a tu per tu con il Colosseo!!

L'arrivo a **Roma**

ATTIVITÀ

Comprensione

1 Rileggi il capitolo e segna con una ✗ la lettera corrispondente all'affermazione corretta.

1. Laurent telefona a
   a. ☐ Valeria
   b. ☐ un amico
   c. ☐ casa

2. Laurent deve scendere alla fermata S. Giovanni
   a. ☐ del treno
   b. ☐ della metropolitana
   c. ☐ dell'autobus

3. Alice è
   a. ☐ un'amica di Valeria
   b. ☐ la mamma di Valeria
   c. ☐ il cane di Valeria

4. A Laurent piace
   a. ☐ il palazzo in cui vive Valeria
   b. ☐ la casa in cui vive Valeria
   c. ☐ l'appartamento in cui vive Valeria

5. Dopo la visita alla Basilica di San Giovanni
   a. ☐ tornano a casa
   b. ☐ visitano il Colosseo
   c. ☐ mangiano un panino

ATTIVITÀ

2 Rileggi il capitolo e cerca le espressioni del gruppo A; trova, poi, il corrispondente significato tra quelle del gruppo B.

A	B
1. a tu per tu	a. hai la forza/il coraggio di
2. te la senti di...?	b. di fronte a
3. essere colpito da	c. non poter fare a meno di
4. non gli dà il tempo di parlare	d. non aspetta la sua domanda
5. non resistere all'idea di	e. qualcosa provoca la tua attenzione

3 Laurent si trova a Piazza Cenci, vuole arrivare alla Chiesa di Sant'Ignazio e chiede informazioni a un passante. Segna sulla cartina il percorso.

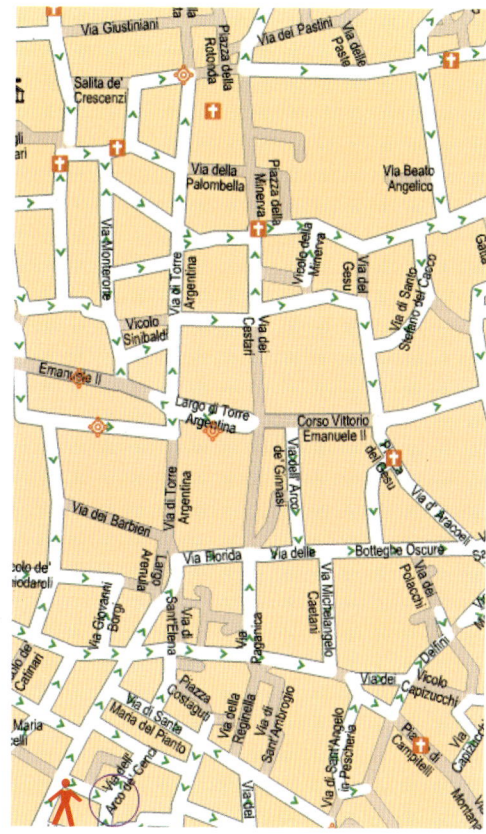

ATTIVITÀ

Competenze linguistiche

1 Ecco alcuni aggettivi presenti nel testo. Trova l'avverbio corrispondente.

felice ....
antico ....
allegra ....
gentile ....

2 Ecco alcuni sostantivi. Cerca nel testo il verbo corrispondente.

la risposta ....
l'arrivo ....
la partenza ....
la passeggiata ....
il ricordo ....
la visita ....

Grammatica

I verbi come *sentirsi*, *ricordarsi*, ecc... sono chiamati **riflessivi** perché sono sempre accompagnati da un pronome riflessivo (*mi, ti, si, ci, vi, si*). In questi verbi il soggetto e il complemento oggetto coincidono:
(esempio: *io **mi** lavo = io lavo **me stesso***).

ATTIVITÀ

1 Completa la tabella con i verbi e i pronomi.

	sentirsi	ricordarsi		fermarsi		sedersi
Io		mi ricordo				
Tu					ti chiami	
Lui/lei	si sente					
Noi				ci fermiamo		
Voi						vi sedete
Loro			si trovano			

2 Nel dialogo seguente Laurent e Valeria usano il "tu".
Sottolinea i verbi e i pronomi alla seconda persona singolare e poi trasforma usando il "Lei".

Laurent: "Scusa, puoi parlare un po' più lentamente? Sai, capire al telefono è difficile…"

Valeria: "Sì, sì, scusami hai ragione, ma lo sai noi italiani parliamo sempre così velocemente… Comunque ora ti spiego come puoi arrivare a casa mia: sei ancora all'interno della stazione?"

Laurent: "No, sono fuori, dove si fermano i taxi."

…………………………………………………………………………………………
…………………………………………………………………………………………
…………………………………………………………………………………………
…………………………………………………………………………………………
…………………………………………………………………………………………
…………………………………………………………………………………………

CAPITOLO 4

Gli amici di **Valeria**

Sono simpatici gli amici di Valeria, la serata con loro è stata piacevole, sono ragazzi in gamba e hanno molti interessi in comune con Laurent.

Alcuni di loro abitano a S. Lorenzo e in questo periodo nel loro appartamento hanno una stanza libera. La offrono a Laurent e lui accetta; in questo modo può restare a Roma più a lungo del previsto e conoscere meglio la città, senza dare troppo disturbo a Valeria.

S. Lorenzo è un vecchio quartiere con la sua storia, le botteghe degli artigiani, il mercato e i suoni ancora vivi del dialetto romanesco. Inoltre non è molto distante dalla casa di Valeria, così sarà più facile continuare a vedersi.

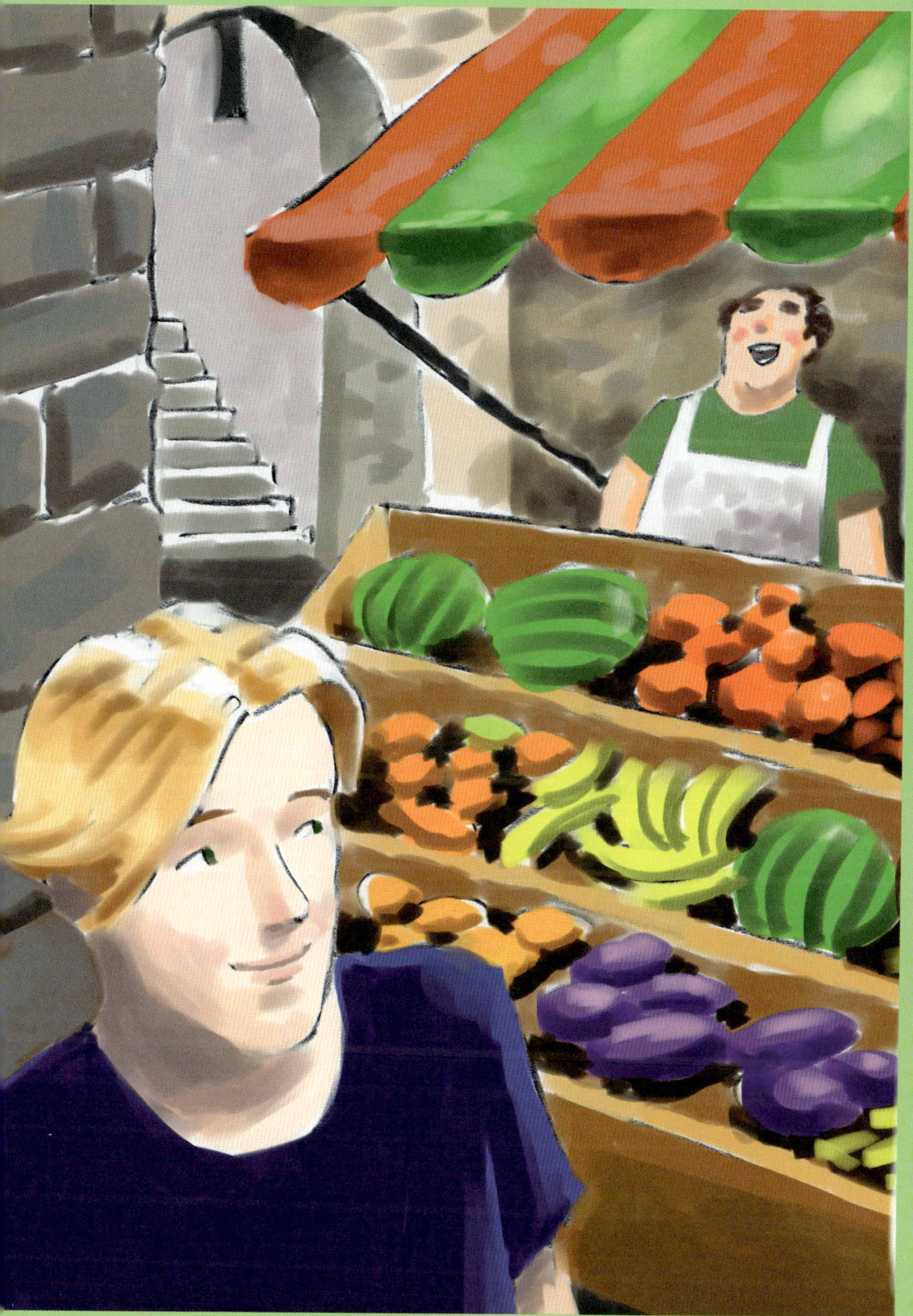

IL VIAGGIO DI
LAURENT

Dalla finestra, Francesco grida: "Sali, Laurent, terzo piano! Lo sai che qui non c'è l'ascensore, vero?"

La stanza data a Laurent è luminosa e spaziosa e dalla sua finestra si vede il mercato. Il resto dell'appartamento è formato dalle camere di Roberto, Andrea e Francesco, da un bagno e da una grande cucina dove c'è spazio per riunirsi.

"Prima di sistemare le tue cose, ti va di venire con me? Devo andare in centro a ritirare i biglietti per la partita di domenica prossima... anzi, perché non vieni anche tu allo stadio con noi?"

"Buona idea, ti accompagno volentieri e spero di trovare un biglietto anche per me."

Escono in motorino e, dopo aver messo il casco, affrontano il traffico cittadino. In effetti Laurent aveva già notato che in questa città c'è molto traffico e gli automobilisti sono molto indisciplinati.

In un paio di occasioni si è reso conto che attraversare la strada è veramente rischioso perché, anche se le automobili si fermano e lasciano passare il pedone,[1] i motorini non rispettano niente e nessuno.

Già, i motorini, una quantità esagerata di veicoli a due ruote che invade la città!

Ora sono in mezzo al traffico... forse anche Francesco compie qualche scorrettezza ma ora, per fortuna, sono arrivati.

La rivendita di biglietti dove va Francesco si trova a Piazza Colonna. Laurent è stato fortunato: ora anche lui ha il suo biglietto! Fuori dal negozio, Francesco chiede a Laurent se ha mai visto quella piazza e se conosce i luoghi e i monumenti che si

---

1. **pedone** : persona che cammina a piedi.

Gli amici di **Valeria**

trovano nelle vicinanze.

"Vuoi andare alla Fontana di Trevi a lanciare la monetina come tutti i turisti?" chiede Francesco. Laurent è ancora un po' disorientato: no, non vuole fare il turista, lui non è uno qualsiasi, lui è anche italiano; no, non lo vuole fare, ma accetta volentieri l'invito di Francesco che si offre di fargli da guida attraverso le stradine del centro, tutte uguali per chi non le conosce. Passano davanti a Montecitorio [1] e, dopo una breve sosta per un caffè, arrivano al Pantheon. La piazza è come sempre piena di turisti, ma Laurent quasi non li nota, colpito dalla particolarità della costruzione.

1. **Montecitorio** : sede del Parlamento italiano.

IL VIAGGIO DI
LAURENT

Dopo aver visitato l'interno del monumento, i due ragazzi si dirigono verso Piazza Navona dove Francesco racconta la storia della piazza, tra verità e leggenda.

È un piacere ascoltare Francesco mentre parla di Bernini! Studia storia dell'arte e riesce a raccontare tante cose interessanti con semplicità.

Intanto si è fatto tardi e decidono di rientrare. Arrivati a casa trovano una bella sorpresa: Andrea e Roberto, con l'aiuto di Valeria, hanno già preparato la cena. L'atmosfera è piacevole e allegra, si ride molto, forse anche a causa di qualche bicchiere di vino!

Verso le nove Roberto propone agli altri di andare tutti insieme a un concerto jazz a villa Celimontana.

Andrea, all'inizio, non vuole andare con loro perché deve studiare, ma si lascia convincere facilmente, anche perché all'esame mancano ancora due settimane e la serata è così bella, tiepida, luminosa... e lui di restare a casa non ha proprio voglia!

ATTIVITÀ

Comprensione

1 Rileggi il capitolo e indica se le seguenti affermazioni sono vere (V) o false (F).

	V	F
1. Laurent conosce dei ragazzi e va ad abitare da loro.	☐	☐
2. San Lorenzo è un quartiere nuovo.	☐	☐
3. Laurent vede la Fontana di Trevi.	☐	☐
4. Laurent e i suoi amici cenano al ristorante.	☐	☐
5. Andrea rimane a casa a studiare.	☐	☐

Competenze linguistiche

CELI 2

1 Trova il significato delle parole ed espressioni presenti nel testo.

1. rendersi conto
   - ☐ pagare
   - ☐ capire
   - ☐ immaginare

2. ragazzi in gamba
   - ☐ ragazzi sportivi e allegri
   - ☐ ragazzi intelligenti e attivi
   - ☐ ragazzi pigri e incapaci

3. dare disturbo
   - ☐ dare aiuto
   - ☐ dare soldi
   - ☐ dare fastidio

4. le botteghe
   - ☐ i piccoli musei
   - ☐ i ristoranti
   - ☐ i piccoli negozi

5. indisciplinati
   - ☐ rispettosi
   - ☐ che non rispettano le regole
   - ☐ gentili

ATTIVITÀ

2 Inserisci nella lettera le seguenti parole.

> strisce pedonali   autobus   macchine
> traffico   motorino   casco

Caro Luigi,
la vita a Roma è bellissima ma purtroppo c'è sempre molto
.... Oggi, per esempio, sono rimasto
sull' .... per più di un'ora, stretto in
mezzo a una folla di turisti e di studenti! Di solito prendo il
.... perché è più veloce, metto il
.... e via! Devo dire che i poveri pedoni
non hanno vita facile perché qui le ....
corrono e a volte non si fermano alle ....!

3 Laurent e i suoi amici hanno fatto una festa. La mattina dopo è tutto in disordine.

Metti gli oggetti al posto giusto e riscrivi le frasi.

a. Il dentifricio è sulla scrivania.
b. La tazzina del caffè è dentro la vasca da bagno.
c. Il vasetto di maionese è sul pianoforte.
d. Le forchette sono per terra in corridoio.
e. Il pigiama di Francesco è in cucina.

....
....
....

42

Grammatica

1 Nel capitolo che hai appena letto ci sono queste frasi. A chi o a che cosa si riferiscono i pronomi?

a. La offrono a Laurent e lui accetta. ....
b. Buona idea, ti accompagno volentieri. ....
c. Non lo vuole fare. ....
d. Non li nota. ....

CELI 2

2 Completa queste frasi con i pronomi diretti.

1. "Hai comprato il quotidiano?" "Sì, certo, ... compro tutti i giorni."
2. "Non prendo quasi mai la metropolitana." "Io invece .... prendo ogni mattina."
3. "Non conosco le canzoni di Vasco Rossi."
   "Mio fratello, invece, ... conosce tutte."
4. "Non ho visitato i musei di Roma."
   "Io .... ho visitati quasi tutti."

3 Sottolinea nelle seguenti frasi i pronomi personali complemento.

1. Perché non lo saluti mai?
2. Ieri ho visto un bellissimo film. E tu lo hai visto?
3. Vuole comperare questi pantaloni, Signora? - Sì, li compero!
4. Hai preparato i documenti? No, li preparo subito.

ATTIVITÀ

In italiano "**alcuni**" e "**qualche**" hanno lo stesso significato, ma si comportano in modo diverso.

"**Qualche**" è invariabile, si mette prima del nome e si usa sempre con i nomi al singolare.

"**Alcuni**", usato come aggettivo, si mette prima dei nomi al plurale e concorda sempre con i nomi stessi.

4 Guarda gli esempi e poi completa.

Alcuni amici = qualche amico
Alcune amiche = qualche amica

1. .... studenti mi hanno consigliato di andare a vedere l'ultimo film di Pupi Avati.
2. Non vado a Napoli da .... anno e mi piacerebbe molto tornarci.
3. .... volta prendo la bicicletta e vado a Villa Borghese.
4. Ricordo con affetto .... insegnanti simpatiche e gentili.

5 Gli amici di Valeria sono andati a fare la spesa. Ecco quello che hanno comprato. Secondo te, in italiano si dice: "una scatoletta di marmellata" o "una scatoletta di tonno"? Prova ad abbinare le parole della colonna A con le parole della colonna B.

A	B
1. un pacco	a. di pasta
2. una scatoletta	b. di torta
3. una fetta	c. d'acqua
4. una bottiglia	d. di maionese
5. un tubetto	e. di caramelle
6. un vasetto	f. di tonno
7. un pacchetto	g. di marmellata

CAPITOLO 5

Ultimi giorni di **vacanza**

I giorni a Roma passano veloci. Laurent ha visto monumenti, chiese, musei; ha conosciuto molte persone e ha trascorso serate piacevoli e allegre.
Ha provato molto spesso la gioia di essere qui, la bellissima sensazione di sentire il sole e la luce di questa città: è proprio vero che questa è la città più bella del mondo!
Avevano ragione i suoi nonni quando raccontavano dei tramonti, della vista dal Gianicolo, dello splendore della Piazza del Campidoglio, delle eleganti chiese gemelle di Piazza del Popolo, di Trinità dei Monti e la scalinata coperta di fiori!
Laurent non può dimenticare il bel tramonto sull'isola Tiberina e sulla facciata di S. Bartolomeo, né la quiete della piccola Piazza

IL VIAGGIO DI
LAURENT

Mattei (qui si riesce anche a sentire il rumore dell'acqua della deliziosa fontana delle Tartarughe); né tanto meno la Piazza di Santa Maria in Trastevere e i meravigliosi mosaici della chiesa! Quello che colpisce Laurent è che qualche volta, quasi per caso, lo sguardo si posa su angoli o particolari di strade e palazzi e si scoprono piccoli gioielli, che probabilmente le guide turistiche non nominano.

"Qui riesci sempre a scoprire qualcosa di nuovo" pensa Laurent e gli viene in mente tutto quello che ha letto, sentito e visto, anche al cinema, su questa città.

Fontana delle Tartarughe

Ultimi giorni di **vacanza**

Improvvisamente lui si trova negli stessi luoghi, respira la stessa aria. Un nome in particolare gli torna in mente, quello di uno scrittore che ha scritto molto di Roma, anche degli aspetti negativi della città; già, quello scrittore che era anche regista, Pasolini. Laurent ne ha tanto sentito parlare; ora, dopo essere stato qui, proverà a leggere un suo libro. Forse ora può capire meglio. Girando per la città ha notato anche le cose sgradevoli, altre realtà. Ha raggiunto alcuni quartieri periferici, per vedere tutto, anche i luoghi dove la vita è difficile.

Ha parlato con Valeria delle sue sensazioni belle e brutte. Valeria lo ascolta paziente e tranquilla e solo di tanto in tanto si limita a sorridere e dice: "Laurent, lo so bene che questa città è unica al mondo e che, con tutti i suoi problemi, è sempre una grande fortuna poterci abitare. Ma tu vivi a Parigi, una città ugualmente ricca di storia e di arte! Come sempre, come per tutti noi, quello che ci colpisce nelle altre città sono le cose diverse, quelle che nella nostra città non abbiamo. Qui ci sono monumenti antichi, a Parigi c'è il Beaubourg, qui troviamo Michelangelo, lì Monet, Matisse, l'arte moderna.

A Roma come a Parigi le cose belle sono sotto gli occhi di tutti."

Quando Valeria parla di queste cose dimostra di appartenere a una realtà culturale che ha una lunga tradizione. Anche per questo a Laurent piace molto parlare e confrontarsi con lei.

ATTIVITÀ

Comprensione

1 Rileggi il capitolo e rispondi alle seguenti domande.

1. Che cosa dicevano i nonni di Laurent su Roma?
   ....

2. Che cosa scopre Laurent camminando per la città?
   ....

3. Chi era Pasolini?
   ....

4. Che cosa notiamo di più, secondo Valeria, quando visitiamo una nuova città?
   ....

2 Chi fa che cosa?
Ascolta l'intervista e rispondi alle domande.

1. Quale degli intervistati visita volentieri i musei?
   ....

2. Quale degli intervistati è un viaggiatore 'organizzato'?
   ....

3. A chi, tra loro, piace di più ascoltare e osservare la gente?
   ....

4. Qualcuno tra loro ama i viaggi organizzati?
   ....

5. Concentrati sulle risposte di Paolo: che cosa gli piace fare quando viaggia?
   ....

Competenze linguistiche

1 Ecco alcune parole che si trovano in questo capitolo.
Abbina ogni parola alla sua definizione.

1. Regista
2. Scrittore
3. Periferia
4. Tramonto
5. Venire in mente
6. Sorridere

a. ☐ ridere appena
b. ☐ zona della città lontana dal centro
c. ☐ persona che scrive libri
d. ☐ pensare o ricordare qualcosa o qualcuno
e. ☐ persona che dirige un film
f. ☐ quando il sole scende all'orizzonte

Grammatica

1 Ecco alcuni verbi al participio passato.
Abbinali all'infinito corrispondente.

1. Visto
2. Conosciuto
3. Trascorso
4. Provato
5. Sentito
6. Notato
7. Raggiunto
8. Parlato

a. ☐ Notare
b. ☐ Sentire
c. ☐ Vedere
d. ☐ Parlare
e. ☐ Provare
f. ☐ Raggiungere
g. ☐ Conoscere
h. ☐ Trascorrere

ATTIVITÀ

2 Coniuga i verbi tra parentesi al passato prossimo.

1. Maria (*andare*) .... al mare.
2. Carlo (*entrare*) .... in un bar.
3. Marco e Luigi (*tornare*) .... dalle vacanze.
4. Anna e Chiara (*partire*) .... per Londra.
5. Io (*trovare*) .... 50 euro per terra.
6. Francesco e Giulia (*invitare*) .... i loro amici a casa.

Produzione scritta

CELI 2

1 Immagina di essere in viaggio e di visitare una città che non conosci.

- Cosa fai il primo giorno in questa città?
- Cosa ti colpisce di più quando sei in una città che non conosci?

(circa 80 parole)

Roma e
il cinema

Roma è stata per molti anni – ed è ancora oggi – lo sfondo per numerosi film italiani e stranieri.

A partire dal secondo dopoguerra assistiamo a una ripresa della produzione cinematografica che, proprio negli anni difficili della ricostruzione, porta sullo schermo i diversi aspetti della realtà italiana. In quegli stessi anni nasce il Neorealismo. I registi ambientano e girano i loro film per le strade e le piazze di Roma, da un lato per scelta, dall'altro perché gli studi cinematografici di Cinecittà sono stati bombardati durante la guerra.

Il primo film importante e rappresentativo dell'epoca è "Roma città aperta" di Roberto Rossellini, che nel 1945 – subito dopo la fine della guerra – porta sulla scena i drammi della gente comune nella città occupata dai soldati tedeschi. Per questa ragione e per l'interpretazione della bravissima Anna Magnani, questo film diventa il simbolo del cinema italiano di quegli anni.

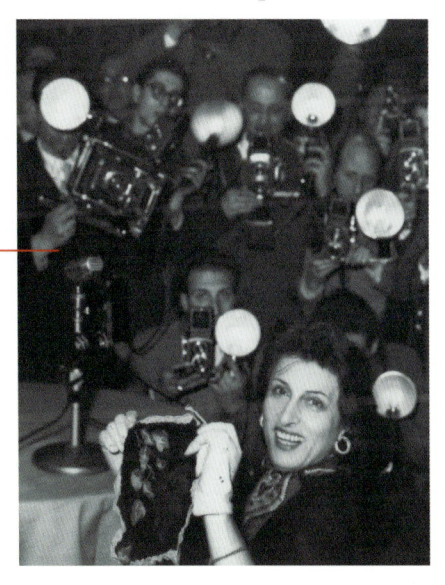

Di poco successivi sono due famosi film: "Ladri di biciclette" (1948) di Vittorio De Sica e "Bellissima" (1951) di Luchino Visconti, che affrontano, in modo molto diverso, i problemi economici della gente all'epoca della ricostruzione.
Gli anni '60 sono caratterizzati da due importanti registi, che osservano le molte realtà di una Roma che cambia.
Il primo, Pier Paolo Pasolini, con i suoi film "Accattone" (1961) e "Mamma Roma" (1962), solo per

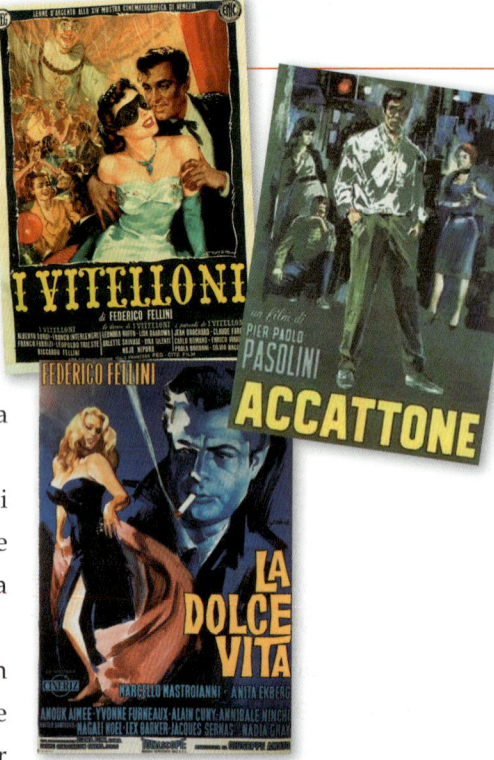

De Sica, Rossellini e Fellini

citarne alcuni, mette a nudo i problemi e le contraddizioni delle periferie.

L'altro, Federico Fellini, nella sua lunga produzione mostra la vita e l'inquietudine della società in un periodo di relativo benessere. Gli attori che lavorano spesso con lui sono: Marcello Mastroianni, indimenticabile in "La dolce vita" (1960) e in "Otto e mezzo" (1963); Giulietta Masina, splendida interprete di "La strada" (1954) e "Le notti di Cabiria" (1957); Alberto Sordi, in "Lo sceicco bianco" (1952) e ne "I vitelloni" (1953) e Anna Magnani in "Roma" (1972).

Roma rimane protagonista anche negli anni successivi, con i film di Ettore Scola "Una giornata particolare" (1977) e "La famiglia" (1987); di Mario Monicelli "Un borghese piccolo piccolo" (1977) e "Il marchese del grillo" (1981), fino a quelli più recenti di Nanni Moretti "Caro diario" (1993), di Gabriele Muccino "L'ultimo bacio" (2001) e di Ferzan Ozpetek "Le fate ignoranti" (2001).

CAPITOLO **6**

L'isola di **Ponza**

Per questo fine settimana, Valeria ha ricevuto un invito da alcuni amici che sono al mare e, siccome non ci sono problemi di spazio, può portare anche Laurent. È felice, questa è una bella sorpresa per lui che desiderava tanto vedere il mare e i dintorni di Roma!

Valeria ha già organizzato tutto.

Ecco il programma:

Ore 18.00 (puntuali!): incontro alla stazione Termini al binario 12
Ore 18.15: partenza per Latina
Ore 19.00 circa: arrivo a Latina

Qui il viaggio prosegue con Marco e Marina che li aspettano per portarli in macchina a S. Felice Circeo, dove sono tutti ospiti di Giovanni.

L'isola di **Ponza**

La mattina dopo, sveglia all'alba e partenza per l'isola di Ponza.

Laurent prende un po' in giro Valeria per la sua precisione, ma in realtà è contento di avere un'amica così.

Il programma funziona alla perfezione e venerdì sera Laurent può ammirare il mare dalla terrazza della casa di Giovanni.

"Non facciamo tardi: se vogliamo prendere l'aliscafo delle 9.00, dobbiamo svegliarci almeno alle 7.00, anche perché dobbiamo ancora fare i biglietti" avverte Marina, ma non viene ascoltata.

La mattina dopo, ancora assonnati, i cinque ragazzi raggiungono il porto. Mentre Laurent e Giovanni sono in fila per fare i biglietti, gli altri tre vanno a comperare i cornetti caldi per la colazione.

"I biglietti li chiedo io, così mi esercito con l'italiano" dice Laurent, e poi chiede a Giovanni quale parola si usa per indicare i biglietti che costano meno per gli studenti. "Ho capito! La parola che vuoi sapere è 'riduzione', ma per l'aliscafo [1] non esistono biglietti ridotti per gli studenti!"

"Ah, no? Peccato!" replica Laurent. Nel frattempo è arrivato il suo turno e Laurent, sicuro di sé, [2] chiede al bigliettaio: "Cinque biglietti avanti e indietro per Ponza, per favore."

Il bigliettaio e Giovanni si scambiano uno sguardo d'intesa e sorridono, mentre Laurent paga.

"Ma perché ridevate?" chiede poi Laurent a Giovanni. L'amico gli spiega che in italiano si dice <biglietto di andata e ritorno> e i

---

1. **l'aliscafo** : battello che può raggiungere velocità notevoli.
2. **sicuro di sé** : persona decisa, che ha fiducia in se stessa.

IL VIAGGIO DI
LAURENT

due si mettono a ridere.

Intanto arrivano gli altri con i cornetti caldi e profumati e finalmente si imbarcano. Il mare è di un colore blu intenso e Laurent si volta a guardare la costa con il promontorio del Circeo. Il paesaggio è bellissimo, i colori dominanti sono il verde del promontorio e il blu del mare. Gli amici spiegano a Laurent che si trovano in una zona protetta: nel Parco Nazionale del Circeo.

Man mano che si avvicinano, i contorni dell'isola diventano sempre più definiti e si distinguono le case di Ponza. Laurent è affascinato dal paesaggio mediterraneo, respira a pieni polmoni l'aria frizzante del mare e si sente libero in questo grande spazio aperto. "Com'è diverso da Roma, qui!" pensa Laurent "Chissà com'è Positano, forse è come qui; lo scoprirò presto!"

I suoi pensieri sono interrotti dall'arrivo al porto. È ora di scendere. "Ti piace?" chiede Marina, e Valeria aggiunge: "Andiamo, ti facciamo vedere una spiaggia stupenda."

"Ma qui è tutto stupendo" risponde mentre cammina dietro di loro. Arrivati alla spiaggia, i quattro ragazzi distendono subito i loro teli da mare con l'intenzione di recuperare il sonno perduto, e Laurent chiede stupito e un po' deluso: "Ma, come, adesso vi sdraiate? Ma non andiamo ad esplorare l'isola?"

"Ma Laurent, abbiamo dormito solo quattro ore, tu non sei stanco?" gli rispondono in coro. "Sì, anch'io sono stanco, ma non sono venuto qui per dormire. Dai, non fate i pigri! Beh, io vado lo stesso, ci vediamo dopo."

"Vai, vai, tanto noi non ci muoviamo di qui!" replica Valeria "Però torna per l'ora di pranzo, così mangiamo insieme."

È quasi l'una e Laurent ancora non si vede. Valeria comincia a preoccuparsi, ma Marco la tranquillizza: "Su, non fare la mamma!

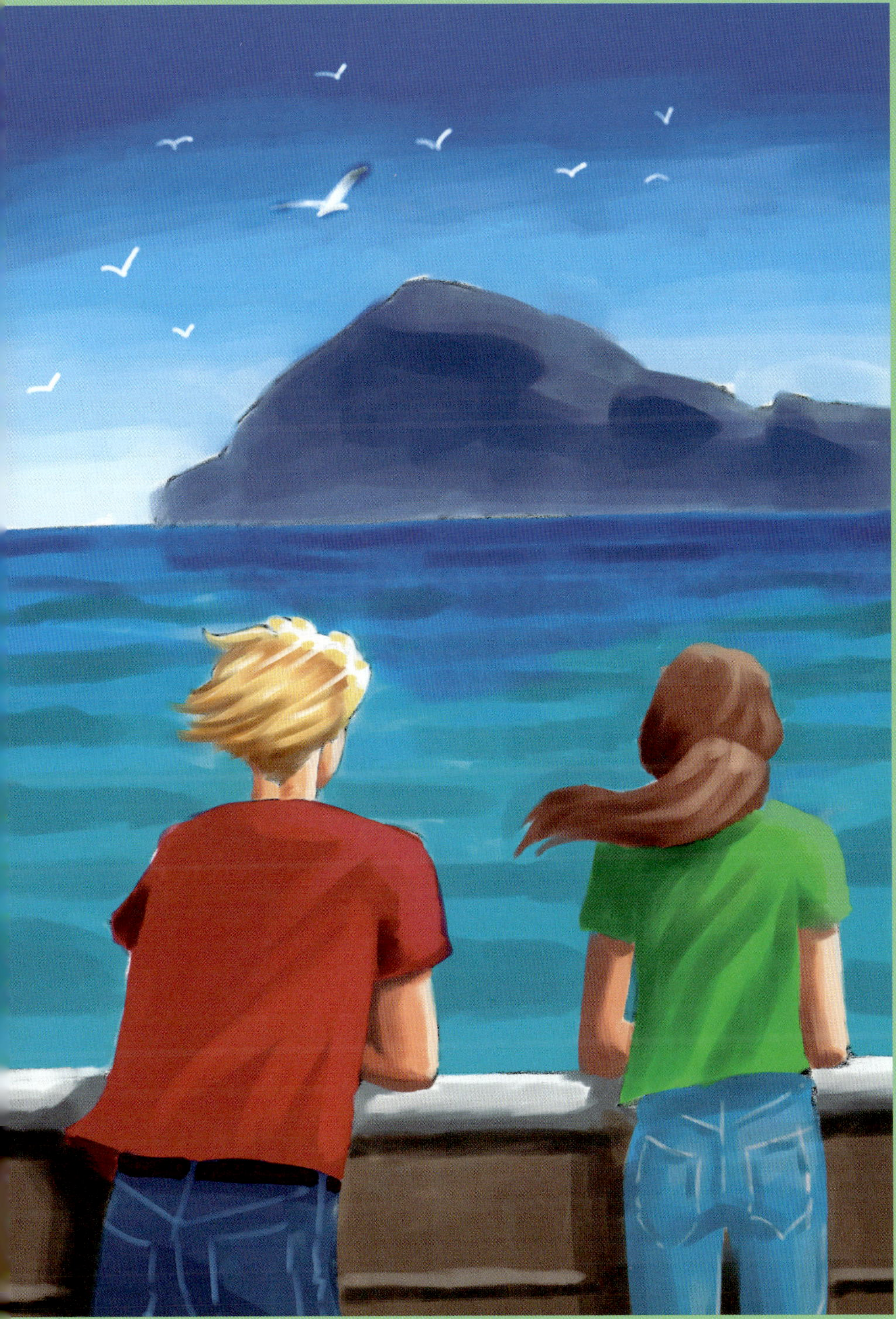

IL VIAGGIO DI
LAURENT

Non può perdersi: l'isola è così piccola! Vedrai che adesso ritorna."

E infatti dopo una mezz'oretta arriva Laurent. Sembra stanco e affaticato e gli altri gli chiedono un po' allarmati:[1] "Tutto bene? È successo qualcosa?"

Laurent si siede e comincia a raccontare: "Ho fatto il giro dell'isola, e poi ho trovato uno scoglio[2] dove mettermi per scattare delle foto da una posizione perfetta, quando ho sentito delle grida. In acqua c'era un bambino, si vedeva che era in difficoltà, così ho lasciato lì lo zaino e la macchina fotografica e mi sono tuffato per aiutarlo. Si era allontanato troppo dalla riva e una medusa lo aveva punto. Il ragazzino non poteva più muoversi, era spaventato, così l'ho portato a riva. Aveva molto dolore alla gamba, ma soprattutto molta paura, allora l'ho preso in braccio e l'ho riportato dai suoi genitori. Il padre per ringraziarmi mi ha aiutato a recuperare lo zaino lasciato sullo scoglio.

Ero un po' preoccupato, non ero sicuro di ritrovarlo, e lì c'erano i soldi e il passaporto! Ma per fortuna lo zaino era ancora là."

"Sei stato bravo, hai avuto una gran prontezza di riflessi[3] e devi aver fatto una bella fatica... Sarai stanchissimo..." commentano gli altri.

1. **allarmati** : preoccupati.
2. **scoglio** :
3. **prontezza di riflessi** : reazione rapida e veloce.

L'isola di **Ponza**

"Non voglio interrompere il tuo momento di gloria, ma io ho fame! Possiamo mangiare finalmente?" interviene Marco.

Dopo pranzo è Laurent quello che dorme, mentre gli altri lo prendono in giro: "Dai, eroe! Non vieni a fare il bagno con noi? Non dire che sei stanco!"

Comprensione

1 Rileggi il capitolo e indica se le seguenti affermazioni sono vere (V) o false (F).

	V	F
1. Valeria invita alcuni amici al mare.	☐	☐
2. Gli studenti non pagano il biglietto ridotto sull'aliscafo.	☐	☐
3. Gli amici di Laurent arrivano in spiaggia e vogliono dormire.	☐	☐
4. Laurent si perde nell'isola.	☐	☐
5. Laurent non trova più la sua macchina fotografica.	☐	☐
6. Laurent aiuta un bambino in difficoltà.	☐	☐

2 Ascolta il seguente dialogo e completa le parti mancanti.

Durante il fine settimana trascorso con gli amici di Valeria, Laurent partecipa a una "spaghettata" di mezzanotte.

Giulia : Allora, è un po' tardi. Io vorrei andare a dormire, se non vi dispiace.

Tutti : Ma noi abbiamo ………………! Dacci prima qualcosa da mangiare!

Giulia : Ma non ho nulla… a parte ………………, olio, aglio e un barattolo di ………………, naturalmente.

Tutti : Allora preparaci un bel piatto di spaghetti al pomodoro.

Giulia : E va bene. Ma poi tutti a ………………, OK?

Alberto : Io scendo al bar e compero delle ……………… .

Martina : Io inizio ad ……………………………………… .

Franco : E io ……………… l'aglio a pezzettini.

Competenze linguistiche

CELI 2

1 Trova la definizione esatta delle seguenti espressioni presenti nel testo.

1. dintorni:
   - [ ] luoghi vicini
   - [ ] porti
   - [ ] luoghi lontani

2. prendere in giro:
   - [ ] portare a passeggiare
   - [ ] scherzare e ridere di qualcuno
   - [ ] fare il girotondo

3. una mezz'oretta:
   - [ ] circa mezz'ora
   - [ ] più di mezz'ora
   - [ ] un quarto d'ora

4. tranquillizzare:
   - [ ] annoiare
   - [ ] innervosire
   - [ ] calmare

5. fatica:
   - [ ] figura
   - [ ] sforzo
   - [ ] riposo

6. ti faccio vedere:
   - [ ] ti mostro
   - [ ] ti nascondo
   - [ ] ti impedisco di vedere

7. medusa:
   - [ ] uccello
   - [ ] pesce
   - [ ] animale marino dal corpo gelatinoso

ATTIVITÀ

CELI 2

2 Completa con le parole che trovi alla fine del testo. Le parole si possono ripetere.

Laurent racconta a Valeria: " Sai che ho fatto la settimana scorsa? Volevo vedere un'altra isola, così sono andato a Ventotene. Ho preso il .... da Roma fino a Formia, e da lì volevo prendere il .... per Ventotene. Siccome non avevo comprato i biglietti in un' .... di viaggi, ho dovuto fare la fila alla .... Ma quando è arrivato il mio turno, il .... era già partito, così ho dovuto prendere l'aliscafo, che è più veloce, ma costa di più. Per questo motivo ho fatto il .... di andata con l' .... e quello di ritorno con il .... Ventotene è molto bella e da lì in .... si può raggiungere Santo Stefano, una piccola isola in una riserva naturale."

> biglietteria   traghetto   treno
> agenzia   barca   biglietto   aliscafo

3 Nel capitolo che hai appena letto ci sono le parole:

> mentre   man mano che   siccome   nel frattempo

Guarda come sono usate e poi inseriscile nel breve testo che segue.

Laurent torna a casa. [1]........................ sale le scale, si accorge che non ha le chiavi. [2]........................ in casa non c'è nessuno, pensa di chiedere aiuto a Valeria. [3]........................ si avvicina a casa di Valeria, si ricorda che proprio quella sera lei è ad una festa. È disperato e non sa che fare. [4]........................ i suoi coinquilini sono tornati a casa!

Grammatica

Uso del futuro

Il futuro è un tempo verbale che esprime un'azione non ancora avvenuta, destinata ad accadere in un futuro vicino o lontano.

A volte il futuro in italiano si usa anche per fare delle previsioni o delle ipotesi.

1 Osserva i due esempi di questo capitolo: *Vedrai che adesso ritorna/Sarai stanchissimo.*
Completa le frasi che seguono.

1. "Che ore sono?" — "Mah, ... (*essere*) le sei."
2. "Ho telefonato a casa tua, ma non c'è nessuno." — "C'era Luca, ma forse .... (*essere*) uscito."
3. "Non mi aspettate per cena: probabilmente .... (*fare*) tardi."
4. Hanno una squadra fortissima, per me .... (*vincere*) il campionato.
5. "Secondo te chi ha comprato i biglietti per stasera?" — "........................... (*vedere*) che ci ha pensato Giulia."

2 Inserisci i verbi appropriati, scegliendoli tra quelli di seguito elencati.

> cucinerai   arriverà   comincerò   regaleremo   inizierà

1. Il film .... tra mezz'ora.
2. Laurent .... con il treno delle 17.00.
3. Cosa (tu) .... per pranzo?
4. Io .... a lavorare dal prossimo lunedì.
5. Cosa (noi) .... a Carla per il suo compleanno?

La spaghettata
di mezzanotte

Molti amano l'Italia per la sua cucina, in tutte le sue varianti regionali e cittadine.

Non tutti sanno però che in Italia esiste un'abitudine [1] che va dal Piemonte al Friuli, dalla Sicilia alla Lombardia.

È il rituale della 'spaghettata'.

Attenzione: 'fare una spaghettata' non significa semplicemente 'mangiare spaghetti'.

La spaghettata è la soluzione di emergenza [2] quando un piccolo gruppo di persone ha fame e in casa c'è poco da mangiare.

In una casa italiana un pacco di spaghetti, dell'olio e dell'aglio [3] si trovano sempre. La situazione tipica è quella di un gruppo di amici che, dopo aver passato la serata in un locale, si ritrova di notte a casa di qualcuno. Ed ecco che in un quarto d'ora agli ospiti viene servito un piatto semplice ma che a quell'ora della notte ha il sapore di un banchetto regale: [4] i famosi e unici 'spaghetti aglio, olio e peperoncino'.

(tratto dalla rivista *Adesso*)

1. **abitudine** : tradizione, usanza.
2. **emergenza** : (qui) situazione imprevista.
3. **aglio** :
4. **banchetto regale** : cena da re.

CAPITOLO 7

La terra dei **nonni**

Dopo il bel fine settimana al mare, Valeria e Laurent tornano a Roma. Tra qualche giorno lui partirà per Positano: è impaziente di proseguire il suo viaggio, ma è anche un po' triste perché lascia Roma e i suoi nuovi amici.

Gli ultimi due giorni li trascorre guardando ancora una volta i luoghi che gli sono piaciuti di più e visitando quelli che non ha ancora fatto in tempo a vedere. Rimane colpito dalla grazia delle sculture di Canova e di Bernini al Museo Borghese, così come dalla semplice grandiosità del nuovissimo Auditorium.

Valeria e gli altri hanno persino organizzato una piccola festa per lui, e così, tra saluti e abbracci, con la promessa e la speranza di tornare presto, Laurent parte verso il Sud.

Qualche giorno dopo, Valeria riceve questa lettera:

IL VIAGGIO DI
LAURENT

"Cara Valeria,
come stai? Come vanno le cose lì a Roma? Io sono a Positano e tra qualche giorno sarò di nuovo a Parigi. Il viaggio è stato bello e interessante, anche se ho sentito la vostra mancanza.

Sono arrivato a Salerno in treno, e da lì con una corriera che percorre la costiera amalfitana, un itinerario veramente unico, a picco sul mare, sono salito fino a Ravello dove ho visto la cattedrale e i giardini di Villa Cimbrone. Sono stato anche ad Amalfi e da lì ho preso il traghetto per Positano: arrivare dal mare è bellissimo, si vedono le case tutte bianche, immerse nel verde della macchia mediterranea.[1]

Ero davvero emozionato, forse perché mi sono ricordato dei racconti dei miei nonni o forse perché sono consapevole che una parte di me viene da questa terra e qui è successa una cosa eccezionale! Ho conosciuto un mio lontano parente, Luigi, un ragazzo della mia età che studia biologia.

Sono andato a fare un'escursione[2] in barca per vedere la costa nei dintorni di Positano e mentre parlavo con il ragazzo che faceva da guida abbiamo scoperto di essere parenti.

Luigi, infatti, è il nipote di una sorella di mia nonna. Mi è stato simpatico prima ancora di scoprire la nostra parentela. Il suo accento, poi, ricorda un po' quello dei miei nonni. Forse il prossimo anno lui verrà a Parigi con una borsa di studio; non è ancora sicuro ma ci sono buone possibilità. Sono proprio contento, in qualche modo ora sono in contatto con Luigi e questo per me è molto importante. Questo viaggio e l'incontro con Luigi sono stati per me

---

1. **macchia mediterranea** : bosco tipico del Mediterraneo.
2. **escursione** : breve gita per visitare luoghi di interesse turistico.

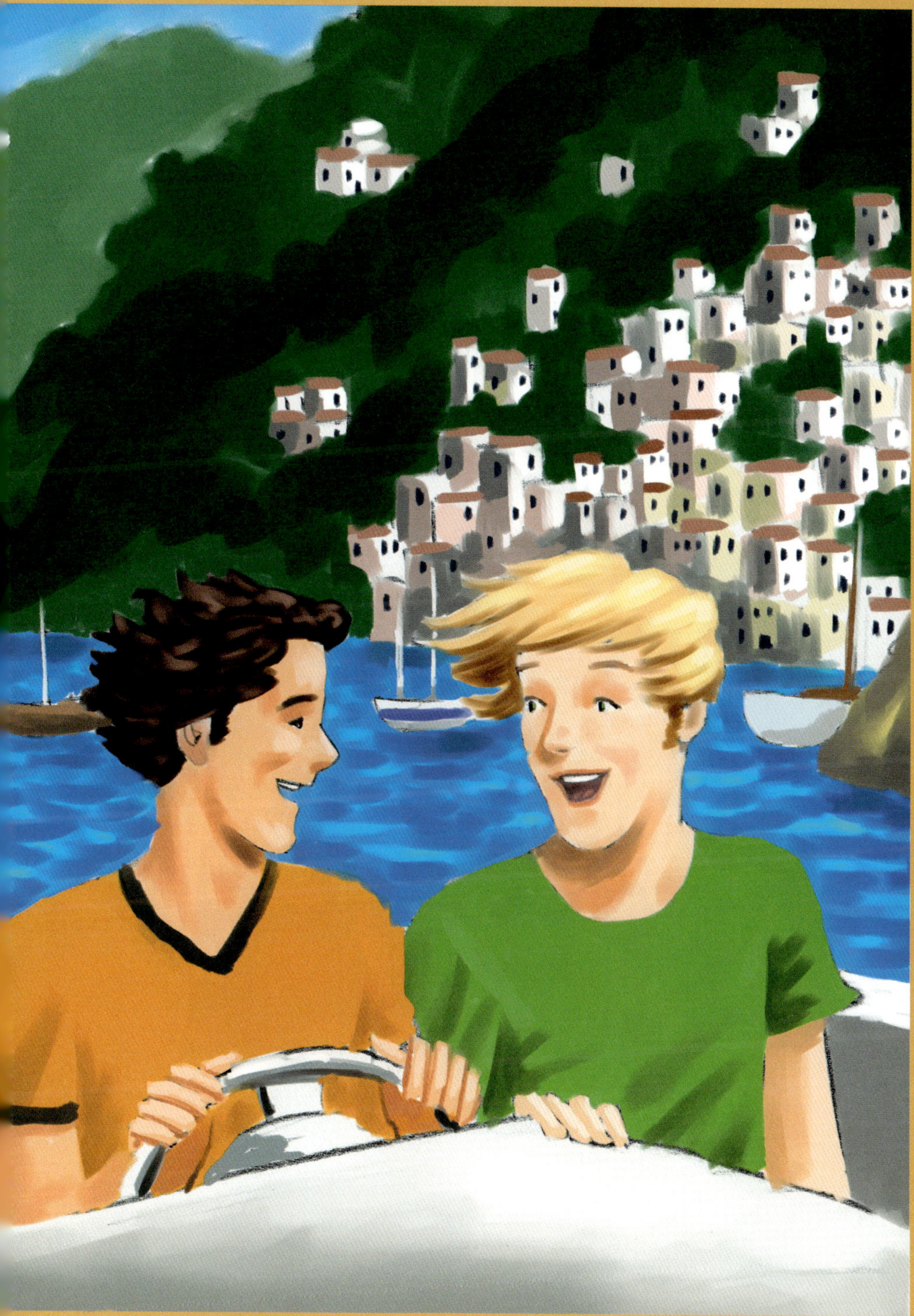

IL VIAGGIO DI
LAURENT

come ritrovare un legame profondo non solo con la mia famiglia e le mie origini, ma anche con questi colori, sapori e odori.

L'odore del mare, in particolare, quello sì che mi mancherà a Parigi! E anche la gente di qui, così ospitale e sorridente.

Questo viaggio non lo dimenticherò mai, anche grazie a voi. Salutami gli altri. Un abbraccio."

Laurent

ATTIVITÀ

Osserva queste due frasi:

Non dimenticherò mai questo viaggio.
Questo viaggio non lo dimenticherò mai.

Le frasi sono entrambe utilizzate, ma la seconda appartiene all'ambito colloquiale e serve a mettere in rilievo 'questo viaggio'.

Come?
— si mette 'questo viaggio' all'inizio della frase.
— si mette il pronome corrispondente prima del verbo.

2 Trasforma ora le frasi che seguono.

1. Trascorro sempre le vacanze in montagna.
   ....
2. Ho comprato questo libro a Napoli.
   ....
3. Francesca prepara la pizza.
   ....
4. Ho visto i quadri di Caravaggio al Museo Borghese.
   ....

Produzione scritta

1 Sei a Napoli. Scrivi una lettera ad un amico. Gli descrivi l'albergo (cose positive e cose negative). Poi gli racconti la tua giornata: la visita al Palazzo Reale, la passeggiata per il centro, il caffè in Piazza del Plebiscito e il lungomare Caracciolo. Infine gli dici quali sono i tuoi progetti per la serata.

(circa 90-100 parole)

....
....
....

ATTIVITÀ

▶▶▶ PROGETTO INTERNET ◀◀◀

Positano, la città Perla della costiera amalfitana

Fai una ricerca in Internet sulla città di Positano e rispondi alle seguenti domande.

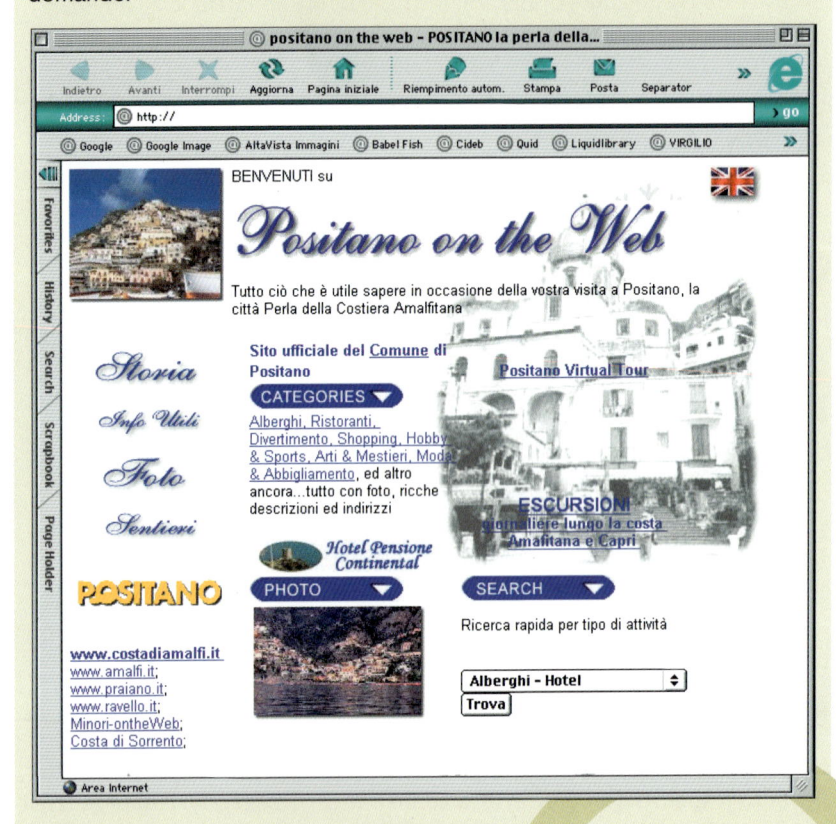

- ▶ Quali sono le origini della città di Positano?
- ▶ Secondo la leggenda, da chi fu fondata?
- ▶ Quali furono i primi abitanti della città?
- ▶ Quali località della costiera amalfitana ti piacerebbe visitare e perché?

Comprensione

CELI 2

1 Rileggi il capitolo e segna con una ✗ la lettera corrispondente all'affermazione corretta.

1. Laurent parte da Roma. Com'è il suo stato d'animo?
   a. ☐ è molto triste
   b. ☐ non vede l'ora di partire
   c. ☐ è a pezzi

2. Prima di partire da Roma, Laurent
   a. ☐ vede posti nuovi
   b. ☐ visita solo musei
   c. ☐ fa escursioni nei dintorni di Roma

3. Dopo la festa
   a. ☐ gli amici promettono di andare a trovare Laurent a Parigi
   b. ☐ gli amici dicono che lo raggiungeranno a Positano
   c. ☐ Laurent dice che desidera tornare presto a Roma

4. Laurent
   a. ☐ ha fatto un'escursione in barca
   b. ☐ ha fatto una lunga passeggiata
   c. ☐ ha fatto una gita in bicicletta

5. Laurent scrive che a Parigi gli mancheranno
   a. ☐ il paesaggio e la pizza
   b. ☐ il mare e la gente
   c. ☐ il sole e la gente

Competenze linguistiche

1 Ecco alcune espressioni che hai incontrato in questo capitolo. Abbinale con quelle che hanno un significato simile.

1. Essere impaziente
2. Fare in tempo a
3. Rimanere colpito
4. Sentire la mancanza di
5. A picco sul mare

a. A strapiombo
b. Essere impressionato
c. Avere nostalgia
d. Non vedere l'ora di
e. Riuscire a

Grammatica

Leggi le frasi che seguono e osserva l'uso del verbo 'piacere' al **passato prossimo**.

I musei di Roma le (= a lei) *sono piaciuti.*
(si riferisce ai musei, nome maschile plurale)

Le statue di Bernini mi (= a me) *sono piaciute.*
(si riferisce alle statue, nome femminile plurale)

1 Completa le seguenti frasi.

1. Maria ha visto la fontana di Trevi e .... è piaciut... molto.
2. Ho visitato il Colosseo e .... è piaciut... moltissimo.
3. Siamo andati a vedere una mostra di pittura, ma non .... è piaciut... per niente.
4. Laurent ha visto alcuni quartieri di Roma che non .... sono piaciut... .
5. Hai visto le foto di Firenze? .... sono piaciut...?